BEI GRIN MACHT SICH IHR
WISSEN BEZAHLT

AF136147

- Wir veröffentlichen Ihre Hausarbeit,
  Bachelor- und Masterarbeit

- Ihr eigenes eBook und Buch -
  weltweit in allen wichtigen Shops

- Verdienen Sie an jedem Verkauf

Jetzt bei www.GRIN.com hochladen
und kostenlos publizieren

Perspektiven und Handlungsfelder der Prävention

Universell, individuell, institutionell. Drei Sichtweisen der Prävention

Nina Hammerer

Bibliografische Information der Deutschen Nationalbibliothek:

Die Deutsche Nationalbibliothek verzeichnet diese Publikation in der Deutschen Nationalbibliografie; detaillierte bibliografische Daten sind im Internet über http://dnb.d-nb.de abrufbar.

ISBN: 9783346271587
Dieses Buch ist auch als E-Book erhältlich.

© GRIN Publishing GmbH
Nymphenburger Straße 86
80636 München

Druck und Bindung: Books on Demand GmbH, Norderstedt Germany
Gedruckt auf säurefreiem Papier aus verantwortungsvollen Quellen

Das Buch bei GRIN: https://www.grin.com/document/941427

Einsendeaufgabe

Verschiedene Perspektiven und Handlungsfelder der Prävention

- universell
- individuell
- institutionell

Modul: Handlungsfelder der Prävention

Alternative C

Abgegeben am: 18.09.2019

SRH Fernhochschule

Von:

Nina H.

Studiengang: B.A. Prävention und Gesundheitspsychologie

Inhaltsverzeichnis

Abkürzungsverzeichnis

et al	und andere
engl.	englisch
WHO	World Health Organization
Lat.	Latein

Abbildungsverzeichnis

Universelle Perspektive der Prävention

Der Zusammenhang zwischen der Persönlichkeit und der Gesundheit und die Auswirkung auf die Führung

Um ein besseres Verständnis für die Zusammenhänge zwischen der Persönlichkeit und der Gesundheit zu entwickeln, werden in einem ersten Schritt die beiden Begriffe „Persönlichkeit" und „Gesundheit" näher erläutert, bevor in einem zweiten Schritt auf die Arten von Zusammenhängen dieser Aspekte eingegangen wird. Zum Abschluss werden gesundheitsrelevante Persönlichkeitsmerkmale skizziert und ein praktischer Bezug zwischen Persönlichkeit und beruflichem Kontext hergestellt.

Persönlichkeit

Es gibt unterschiedliche Definitionen und Ansichten des Begriffs „Persönlichkeit", wovon keine allgemein anerkannt ist. Dabei gilt auch keine dieser Definitionen als richtig oder falsch. Von Psychologen wird die Persönlichkeit als eine komplexe Anzahl besonderer psychischer Eigenschaften definiert, die individuelle Verhaltensmuster einer Person hervorrufen, die über einen längeren Zeitraum und in verschiedenen Situationen eine Konstanz zeigen. Persönlichkeitstheorien beschreiben hypothetische Auffassungen von Funktionsweisen und Strukturen einzelner Persönlichkeiten. Bei jeder Theorie werden zwei Hauptziele erforscht: 1. Die Einzigartigkeit von Individuen in Hinblick auf Aufbau, Ursprung und Pendants der Persönlichkeit 2. Die Entwicklung charakteristischer Verhaltensmuster. Deshalb treten durch unterschiedliche Theorien, die zwischen verschiedene Ansätze hinsichtlich Ausgangspunkte, Datenquellen und Erklärungen unterscheiden, in Folge auch unterschiedliche Ansichten und Definitionen dieses Konstrukts auf. [1] In der Persönlichkeitspsychologie liegt der Schwerpunkt auf der Erforschung von Besonderheiten, durch die sich das individuelle Erleben und Verhalten vorhersagen lässt. [2] Und ebenfalls darin, das Konstrukt der Persönlichkeit (konkretisiert: Persönlichkeitsmerkmale bzw. –eigenschaften) nicht direkt beobachtbare Sachverhalte und konsistente Verhaltensweisen zu beschreiben und erforschen. [3]

Ein Beispiel für eine Erklärung des Begriffs „Persönlichkeit" liefert Pervin (1996): „Persönlichkeit ist die komplexe Organisation von Kognitionen, Emotionen und

---

[1] Vgl. Gerrig (2016), S. 506
[2] Vgl. Dorsch (1991), S. 480f.
[3] Vgl. Becker (2014), S. 9

Verhalten, die dem Leben der Person Richtung und Zusammenhang gibt. Wie der Körper, so besteht auch die Persönlichkeit aus Strukturen und Prozessen und spiegelt „nature" (Gene) und „nuture" (Erfahrung) wider. Darüber hinaus schließt Persönlichkeit die Auswirkungen der Vergangenheit ein, insbesondere Erinnerungen, ebenso wie die Konstruktionen der Gegenwart und der Zukunft." [4] Zusammenfassend kann daraus schlussgefolgert werden, dass das Zusammenspiel und die Ausprägungen einzelner Persönlichkeitsmerkmale zentrale Aspekte darstellen. Interaktionsprozesse mit der Umwelt, Erfahrungen, Zielsetzung, Erwartungshaltungen sowie Unterschiede zu anderen Personen spielen eine wichtige Rolle.

Gesundheit

Der Begriff „Gesundheit" wurde von der WHO (1946) wie folgt definiert: „Gesundheit ist der Zustand des völligen körperlichen, psychischen und sozialen Wohlbefindens und nicht nur das Freisein von Krankheit und Gebrechen." [5] Die Gesundheit beschreibt einen dynamischen Prozess, der zwar als Zustand beschrieben wird, allerdings zeitlich variieren kann. Veränderungen können vom einen auf den anderen Tag stattfinden, aber auch über die unterschiedlichen Lebensphasen hinweg. [6] Deshalb beschreibt Schwarz (2013) die Gesundheit als einen Zustand, der lediglich eine punktuelle Momentaufnahme aus dem Ablauf eines dynamischen Geschehens ist. [7]

Die Gesundheitspsychologie beschäftigt sich mit Faktoren, die Menschen gesund oder krank machen können und mit dem damit verbundenen Verhalten. Als Grundlage wird das biopsychosoziale Modell herangezogen, das davon ausgeht, dass die Konstrukte der körperlichen sowie seelischen Gesundheit und die Umwelt einer Person im Zusammenhang stehen. Soziale, spirituelle, emotionale, intellektuelle, körperliche und Umweltaspekte tragen zur Gesundheit und zum Wohlbefinden eines Individuums bei.[8]

Zusammenhänge zwischen Gesundheit und Persönlichkeit

Es gibt unterschiedliche Arten von Zusammenhängen zwischen diesen beiden Konstrukten. Je nach Forschungsarbeit und Thema wird auf eine Art des Zusammenhangs eingegangen. Diese werden im Folgenden kurz dargestellt.

---

[4] Vgl. Pervin (1996), S. 414
[5] Vgl. Renneberg/Hammelstein (2006), S. 8
[6] Vgl. Faltermaier (2005), S. 35
[7] Vgl. Schwarz (2013), S. 416
[8] Vgl. Gerrig (2016), S. 491

Kausale Zusammenhänge: Persönlichkeitsmerkmale werden als biologisch basierte individuelle Unterschiede aufgefasst und interpretiert; diese Vorstellung ist vorherrschend in der Medizin. Mediziner sprechen dabei von „zu Krankheiten neigende Persönlichkeiten". [9] Ein Beispielmodell bietet das Typ-A-Muster, das Menschen beschreibt, die folgende Eigenschaften zeigen: hoher Arbeitseinsatz, stark ausgeprägter Ehrgeiz, hohe Wettbewerbsorientierung und Feindseligkeit. Friedman und Rosenman (zwei amerikanische Kardiologen) untersuchten dieses Konstrukt als Risikofaktoren für Herzerkrankungen, da die klassischen Risikofaktoren (bspw. Bluthochdruck, hoher Cholesterinspiegel und rauchen sich nicht als ausreichen erwiesen hatten, um das Auftreten der Erkrankung vorherzusagen. [10]

Korrelative Zusammenhänge: die Modelle, die diese Art von Zusammenhängen untersuchen, gehen davon aus, dass die gleichen biologischen Ursachen sowohl für die Erkrankung als auch für die Persönlichkeit verantwortlich sind. Bspw. ein Gen, das als biologische Ursache, gleichermaßen im Zusammenhang für die Anfälligkeit einer Krankheit als auch für die Persönlichkeitseigenschaft der Feindseligkeit steht. [11]

Verhaltensweisen: bei diesen Modellen wird davon ausgegangen, dass bestimmte Persönlichkeitsmerkmale einer Person dazu führen, dass diese bestimmten Verhaltensweisen zeigen, die einen Einfluss auf die Gesundheit haben. Bspw. das Modell „sensation-seeking", dass das Verhalten von Menschen gegenüber riskanten, aber aufregenden Verhaltensweisen beschreibt. Das könnte bspw. das Konsumieren von illegalen Drogen wegen der Faszination deren Auswirkungen auf die Wahrnehmung sein. [12]

Persönlichkeitsveränderungen: in Folge einer Erkrankung können Veränderung in der Persönlichkeit erforscht werden, was ebenfalls eine Art des Zusammenhangs der Gesundheit zur Persönlichkeit darstellt. Ein Bsp. könnte sein, dass sich eine Person, die unter Migräne leidet, aus ihrem sozialen Umfeld zurückzieht, was in einer Untersuchung zu einem niedrigen Wert auf der Dimension der Extraversion als Persönlichkeitsmerkmal führen kann. Es kann davon ausgegangen werden, dass

---

[9] Vgl. Smith/Williams (1992)
[10] Vgl. Faltermaier (2005), S. 113
[11] Vgl. Maltby et al. (2011), S. 852
[12] Vgl. Segerstrom (2000), S. 185

akute gesundheitliche Krisen mit signifikanten psychologischen Auswirkungen einhergehen. [13] Nachdem nun die Begriffe „Gesundheit" und „Persönlichkeit" erklärt wurden und die unterschiedlichen Arten von Zusammenhängen zwischen den beiden Konstrukten sowie beispielhafte Modelle aufgezeigt wurden, folgen nun Persönlichkeitsmerkmale, bei denen ein signifikanter Zusammenhang zur Gesundheit einer Person gefunden wurde und die damit eine wichtige Rolle spielen.

Gesundheitsrelevante Persönlichkeitsmerkmale

Weber (2005) unterscheidet bei den Persönlichkeitsmerkmalen, die sich als gesundheitsrelevant erwiesen haben, zwischen zwei Gruppen: die erste Gruppe bilden die kognitiven Merkmale, die die Überzeugungen und Erwartungen einer Person betreffen (bspw. Optimismus, Selbstwirksamkeitserwartung, Kohärenzsinn) und zur zweiten Gruppe gehören emotionale Merkmale, die sich mit dem Erleben und der Regulation von Emotionen einer Person befassen (bspw. Neurotizismus, Feindseligkeit, Unterdrückung von Emotionen). [14]

Es folgt eine Auswahl an gesundheitsrelevanten Persönlichkeitsmerkmalen mit Erläuterung.

Optimismus: Der Optimismus wird als allgemeine positive Ergebniserwartung beschrieben. „Es wird schon alles gut gehen" unabhängig davon, ob erwartet wird, dass das Ergebnis von alleine positiv ausfällt oder ob man selbst etwas dazu beiträgt. Gemessen wird dieses Persönlichkeitsmerkmal mit Hilfe des Life Orientation Tests (kurz: LOT-R). [15] Unterschieden wird zwischen einem defensiven Optimismus, der sich auf die Abwehr von Bedrohungen richtet und eher zu Fehleinschätzungen gesundheitlicher Risiken führt, und einem funktionalen Optimismus, der dazu führt, dass Verhaltensweisen ausgeführt bzw. aufgenommen werden, welche die Gesundheit langfristig fördern. [16]

Der Optimismus beeinflusst die Gesundheit auf unterschiedliche Arten. Offensichtlich wenden Optimisten ein flexibles, situationsangemessenes Bewältigungsverhalten an. Körperlich profitieren Optimisten deshalb davon, dass sie durch diese effiziente Art der Stressbewältigung eine positive Auswirkung auf ihr Immunsystem erleben. Zudem fällt

---

[13] Vgl. Maltby et al. (2011), S. 852f.
[14] Vgl. Weber (2005), S. 527ff.
[15] Vgl. Scheier et al. (2001), zit. nach Vollmann/Weber (2005), S. 439
[16] Vgl. Faltermaier (2005), S. 158f.

es Optimisten leichter, gesundheitsfördernde Verhaltensweisen längerfristig durchzuhalten. Das kann sich bspw. beim Sport oder der gesunden Ernährung positiv auf die Gesundheit auswirken. Sind Optimisten gut gelaunt, empfinden sie dieses Wohlbefinden ausgeprägter, was ebenfalls positive Auswirkungen auf die Gesundheit haben kann. [17] Die Kehrseite zeigt jedoch, dass dieses Persönlichkeitsmerkmal auch gesundheitsschädigend wirken kann. So wurde in einer Studie nachgewiesen, dass Probanden, die bei einem schwierigen oder gar unlösbaren Rätsel wollten, dass dies mit einer guten Leistung gelöst wird, länger an dem Rätsel arbeiteten, was neben einer erhöhten Anstrengung auch zu einer verstärkten körperlichen Stressreaktion führte. Somit wurde bewiesen, dass das Merkmal „Optimismus" auch negative Auswirkungen auf die Gesundheit haben kann. [18]

Neurotizismus: Neurotizismus beschreibt die generelle Neigung zu negativen Emotionen wie bspw. Ängstlichkeit, Niedergeschlagenheit, Schuldgefühle, geringes Selbstwertgefühl, erhöhte Stressreagibilität. Dieses Merkmal steht in Zusammenhang mit der Abwesenheit von subjektivem Wohlbefinden. [19] Besonders relevant ist hierbei, dass Menschen mit ausgeprägtem Neurotizismus dazu neigen, von körperlichen Symptomen und Beschwerden zu berichten, ohne dass objektive Befunde dafür vorliegen. Charakteristisch für den Neurotizismus sind die erhöhte subjektive Wahrnehmung und die Sensibilität für körperliche Missempfindungen. [20] In Studien wurde nachgewiesen, dass Neurotizismus nicht mit erhöhter Morbidität und Mortalität verbunden ist. Eine Ausnahme könnte jedoch sein, dass durch Neurotizismus Depressivität oder eine klinisch manifeste Depression begünstigt und dass durch diese Depression das Sterberisiko durch bspw. koronare Herzerkrankungen erhöht werden kann. [21]

Selbstwirksamkeitserwartung: Unter Selbstwirksamkeitserwartung versteht man die Erwartung und die Überzeugung einer Person, durch individuelle Kompetenzen, Handlungen erfolgreich durchführen zu können. Menschen mit hoher Ausprägung beim Persönlichkeitsmerkmal Selbstwirksamkeitserwartung zeigen eine andere Ausprägung an Motivation und andere Leistungsnachweise als Personen mit niedriger

---

[17] Vgl. Vollmann/Weber (2005), S. 439
[18] Vgl. Segerstrom et al. (2004), zit. nach Astrid/Lasse (2007), S. 55
[19] Vgl. Faltermaier (2005), S. 120
[20] Vgl. Weber/Vollmann (2005), S.529
[21] Vgl. Wiebe/Smith (1997)

Ausprägung. Im Sinne des Stressmanagements umgehen Menschen dabei Situationen, bei denen sie eine zu niedrige Selbstwirksamkeitserwartung verspüren und meiden Situationen, die sie als riskant einschätzen oder bei denen die Überzeugung erfolgreich zu sein zu gering ist. Menschen mit hoher Selbstwirksamkeitserwartung haben hohe Ansprüche an sich selbst und suchen gezielt nach anspruchsvollen und schwierigen Herausforderungen im Leben. [22] Beim Durchführen einer Diät oder beim Durchleben anderer schwieriger Situationen und dem Dranbleiben an verschiedenen Verhaltensweisen kann eine ausgeprägte Selbstwirksamkeitserwartung ein gesundheitsförderliches Merkmal darstellen und eine Person bei ihrem Vorhaben unterstützen. [23]

Feindseligkeit: Wie bereits im oberen Text beim Thema „Zusammenhänge zwischen Gesundheit und Persönlichkeit" erwähnt wurde, zählt Feindseligkeit ebenfalls zu den Persönlichkeitsmerkmalen. Es gilt als schädlichstes Persönlichkeitsmerkmal im Modell des Typ-A-Verhaltensmusters. Es wird angenommen, dass die Feindseligkeit die Gesundheit aus physiologischen, durch chronische Überregung der Stressreaktion, und psychischen Gründen beeinflusst. Feindseligkeit führt zum Verzicht von sozialer Unterstützung. [24]

Emotionsregulation: Die Emotionsregulation wird in zwei Formen, der kognitiven Umstrukturierung und der subjektiven Unterdrückung unterteilt. Währen der kognitiven Umstrukturierung werden problematische Situationen so interpretiert, dass keine negativen Gefühle entstehen können. Dies kann bspw. durch Humor, Distanzierung oder positive Umdeutung passieren. Diese Form der Emotionsregulation wird als positiver Faktor für die Gesundheit angesehen. Im Gegensatz zur zweiten Form: die subjektive Unterdrückung von Emotionen erfordert erhöhte physiologische Aktivierung und kann langfristig negative Folgen auf die Gesundheit haben. Bislang konnte in Studien noch nicht ausreichend bzw. eindeutig geklärt werden, welche Einflüsse diese Art der Emotionsregulation auf die Genesung und den Verlauf von Krebserkrankungen oder koronaren Erkrankungen hat. Damit gibt es zu diesem Forschungsfeld noch einige offene Fragen, die es empirisch zu begründen gibt. [25]

---

[22] Vgl. Gerrig (2016), S. 530f.
[23] Vgl. Weber/Vollmann (2005)
[24] Vgl. Gerrig (2016), S. 498f.
[25] Vgl. Weber/Vollmann (2005)

Big Five: Das Modell der fünf großen Persönlichkeitsmerkmale („Big Five") gewinnt immer mehr an Bedeutung. In den letzten 20 Jahren gab es einen Forschungsboom um das Modell der Big Five. Dieses Modell geht davon aus, dass es fünf Grunddimensionen der Persönlichkeit gibt, die ausreichen, um Unterschiede zwischen den Menschen zutreffend zu beschreiben. Zu diesen fünf Persönlichkeitseigenschaften zählen: der Neurotizismus, die Extraversion, die Verträglichkeit, die Offenheit und die Gewissenhaftigkeit. [26] Jedes Merkmal erhält einen Gegenpol, sodass eine Skala zweier extreme entsteht, auf welcher eine Person, mit Hilfe von Fragebögen, eingeordnet und so die Ausprägung jeder Skala ermittelt werden kann.

- Neurotizismus (negative Emotionalität) versus Belastbarkeit
- Extraversion versus Introversion
- Verträglichkeit (Anpassung, Kooperation) versus Konkurrenz
- Offenheit (Kreativität, Beweglichkeit, Neugier) versus Konservatismus (Beharrlichkeit, Unbeweglichkeit, Tradition)
- Gewissenhaftigkeit versus Nachlässigkeit (Lockerheit)

Entsprechend der Auswertung aus den Fragebögen ergibt sich ein Wert, der irgendwo innerhalb des Kontinuums zwischen zwei Polen einer Skala angesiedelt ist. Dieser Wert gibt an, wie stark das gemessene Eigenschaftskonstrukt ungefähr ausgeprägt ist. [27]

Persönlichkeitsdiagnosen und die Nutzung im beruflichen Kontext

Abschließend gilt es ein Augenmerk auf ein Beispiel der praktischen Nutzung dieser theoretischen Erkenntnisse im beruflichen Kontext zu legen.

Die Bedeutung der Nutzung von Persönlichkeitsdiagnosen im beruflichen Kontext liegt darin, dass es entscheidend für das Wohlbefinden einer Person ist, dass die Persönlichkeitsstruktur und die Tätigkeit, mit allen gegebenen Rahmenbedingungen, zueinander passen müssen. Kurz gesagt: nicht jede Person ist hinsichtlich seiner Persönlichkeitsstruktur und seiner Erwartungshaltung für jede Tätigkeit geeignet. Eine Minderung des Wohlbefindens bis hin zu schweren Konflikten können Auswirkungen sein, wenn diese beiden Punkte nicht zueinander passen. Daher empfiehlt es sich im Bereich des Personalmanagements einen Abgleich in Bezug auf

---

[26] Vgl. Hurrelmann et al. (2010), S. 351
[27] Vgl. Walter (2006), S. 113ff.

Persönlichkeitsmerkmale und Tätigkeiten im Unternehmen vorzunehmen und ggfs. Änderungen bzw. Anpassungen vorzunehmen, um die Mitarbeiter in ihrem Wohlbefinden und das Unternehmen in seinem Erfolg zu unterstützen. [28]

---

[28] Vgl. Pundt/Scherenberg, S. 83ff.

Individuelle Perspektive der Prävention

Ein selbstkonstruiertes Beispiel eines Coaching-Prozesses für einen Gesundheitscoach

Das selbstkonstruierte Beispiel, das in dieser Einsendeaufgabe dabei helfen soll, das Berufsbild eines Patienten- und Gesundheitscoach und zudem mögliche Systempartner sowie deren Aufgaben und Kompetenzen, während des Coaching-Prozesses näher zu beschreiben, handelt von einem 15-jährigen Jugendlichen, der durch die Scheidung seiner Eltern und dem bevorstehenden Haftantritt seines Bruders (aufgrund vom Besitz, Konsum und Handel illegaler Suchtmittel) unter Schlafstörungen, gehäufter Übelkeit, Antriebslosigkeit und depressiven Verstimmungen leidet. Folglich zieht sich der Jugendliche immer mehr in eine soziale Isolation, schwänzt vermehrt die Schule und versteckt sich in einer virtuellen Spielwelt mit Hilfe einer Konsole. Aufgrund mangelnder Bewegung wird der Jugendliche übergewichtig, was dazu führt, dass er Schwierigkeiten mit seinem Selbstwertgefühl hat und noch weiter in die Isolation flüchtet. Zudem führen das Übergewicht und die mangelnde Bewegung zu Rückenschmerzen, die den Jungen plagen.

Das gesundheitsbezogene Coaching beschäftigt sich mit Klienten, die eine Person darstellen kann, die bereits erkrankt ist oder jene, die als „krankheitsgefährdet" gilt. Ein Coaching ist eine nicht medizinische Leistung, bei der Lösungen mit dem Klienten erarbeitet werden bspw. betreffend der Angebotsfindung, Prozessorientierung, logistischen Versorgung sowie des Zeitmanagements und der regionalen Besonderheiten. Das Coaching umfasst dabei den beruflichen und privaten Bereich und bindet das soziale Umfeld mit ein. [29] Dabei gilt der Coach als „Trainer" um den Klienten dabei zu unterstützen sich zurecht zu finden im Bereich des Gesundheitswesens, Ziele zu setzen und in eine realistische Planung umzusetzen. [30] Betrachtet man das Patienten- und das Gesundheitscoaching getrennt voneinander, so setzt das Patientencoaching den Fokus auf die medizinischen Leistungsaspekte und damit die Kompetenz des Coaches auf ein fundiertes Wissen über Krankheiten, wohingegen sich das Gesundheitscoaching mit mehreren Aspekten beschäftigt: Bewegung, Ernährung, Entspannung und Stressbewältigung, Work-Life-Balance,

---

[29] Vgl. Schmid (2008), S. 30ff.
[30] Vgl. Meyer-Lutterloh (2011b), S. 31ff.

Umgang mit Belastungen sowie gesundheitlichen Risiken und Einschränkungen, Förderung des gesundheitsorientierten Lebens- und Arbeitsstils, Gestaltung der Übergänge von Lebensabschnitten oder Sinnfragen. [31] Zum Vergleich: das Patientencoaching beschäftigt sich weitestgehend mit bereits erkrankten Personen, umfasst jedoch auch präventive Maßnahmen, indem bspw. zusätzliche Krankheiten oder Verschlimmerungen vermieden oder zumindest hinausgeschoben werden sollen und das Gesundheitscoaching hingegen ist eine primär präventive Dienstleistung, bei der die Verhaltensänderung im Vordergrund steht um gesunde oder noch gesunde (aber gefährdete) Personen bei der Erhaltung ihrer Gesundheit zu unterstützen. [32]

Der 15-jährige Jugendliche in unserem Beispiel hatte sich mit Hilfe der **Sozialarbeiterin**, die vom Jugendamt in die Familie geschickt wurde, um die alleinerziehende Mutter zu Hause zu unterstützen, an einen Coach gewandt. In diesem Fall würde der Coach in einem ersten Schritt mit dem Klienten in die Vorbereitungsphase gehen, bei welcher die beiden sich kennenlernen und beschließen, einen gemeinsamen Weg zu gehen. Hierbei stehen die Akzeptanz und das Vertrauen zueinander im Vordergrund. [33] Im Beispiel erhält der Coach die oben genannten Informationen zum Einen vom Klienten selbst und zum anderen durch einen Austausch mit den bereits vorhandenen Systempartnern und Beteiligten: die **Bewährungshelferin des älteren Bruders**, die sich bereits zuvor mit der Sozialarbeiterin ausgetauscht hatte, um auch auf das Wohl der ganzen Familie ein Auge zu werfen, dem **Schulsozialarbeiter**, der wegen dem Schwänzen von der Schule eingeschaltet wurde, der ehemals beste Schulfreund, der ebenfalls mit dem Schulsozialarbeiter seinen Freund betreffend in Kontakt steht, der **Hausarzt**, den der Junge aufgrund der Übelkeit und der depressiven Verstimmung aufsuchte, der **Psychiater**, zu welchem der Hausarzt den Jungen aufgrund der depressiven Verstimmung verwies, die Mutter und der Vater. Dabei kommt es zu einer ersten Einschätzung des Coaches.

In der zweiten Phase, der sog. Informationsphase, kommt es zu einer Bestandsaufnahme gemeinsam mit dem Klienten, die als Beschreibung der Ausgangssituation für Entschlüsse der Klienten dienen kann. Zudem liefert der Coach

---

[31] Vgl. Meyer-Lutterloh (2011b), S. 31ff.
[32] Vgl. Ebda.
[33] Vgl. Weatherly/zu Eulenberg (2011), S. 79ff.

mit Mithilfe des Klienten wichtige Informationen zum möglichen Gesundheitsverlauf. [34] In diesem Beispiel würde der Coach mit dem Jungen die möglichen Folgen seines Übergewichts erarbeiten und darüber sprechen, wie das Leben nach einer langandauernden sozialen Isolation aussehen könnte, wenn dies so bliebe. Zudem erläutert der Coach im gemeinsamen Gespräch mögliche Folgeerkrankungen im Hinblick auf seine Situation.

Bei der Informationsphase liegt der Fokus auf der Introspektion, was bedeutet, dass der Klient die Sicht auf sich selbst, seine Motivation, Bedürfnisse, Motive und Interessen, äußert. Der Klient soll seine Wünsche und Interessen formulieren und folglich Ziele setzen sowie seine Stärken und Schwächen und zu anschließend die zu trainierenden Fähigkeiten definieren. [35] Der 15-jährige Bub beschreibt seine Situation wie oben bereits beschrieben und definiert sich folgende Ziele: Gewicht verlieren, fitter und motivierter werden, wieder mehr mit dem Schulfreund unternehmen und weniger auf der Spielkonsole zocken. In ihrem Gespräch führt der Coach den Klienten weiter hin zu den Punkten mehr Bewegung, die Schlafstörungen in den Griff bekommen und das Selbstwertgefühl wieder stärken. Anschließend vergibt der Jugendliche jedem Ziel einen Rang, sodass sich eine Liste ergibt, bei der die Punkte nach Wichtigkeit gereiht wurden. Gemeinsam erörtern sie mögliche Risiken, wie dabei vorgegangen werden kann und was ihm dabei hilft wieder zurück zum Plan zu kehren. Der Junge meint, dass er seinem Schulfreund davon erzählen will und dass dieser ihn immer daran erinnern kann, sollte er einmal vergessen was sein Plan ist. Der Jugendliche will sich ein Foto im Zimmer aufhängen, das vor ein paar Jahren von ihm und ein paar anderen Schulkollegen gemacht wurde. Das soll ihn jeden Tag daran erinnern, dass er wieder so fit, schlank, beliebt und fröhlich werden möchte und zudem soll ihn das anspornen. Neben dem erwähnten Vergessen könnte ein weiteres Risiko sein, dass er mit Umständen konfrontiert wird, die ihm nicht gefallen oder Kritik erfährt, die er im ersten Moment nicht verträgt. Der Coach und der Junge vereinbaren, dass sie in diesem Fall miteinander darüber sprechen würden, um zu schauen ob sich in der Liste seiner Ziele und Motive etwas finden lässt, dass zu der Situation passt.

Bevor der nächste Schritt in die Umsetzungsbegleitung gemacht werden kann, braucht es die Klarheit des Klienten bezüglich der Motive, die einen Entschluss zum Handeln begründen. Eine Auflösung alter Denkstrukturen hin zur Lernbereitschaft ist

---

[34] Vgl. Weatherly/zu Eulenberg (2011), S. 79ff.
[35] Ebda.

hier das Ziel. [36] Im aufgezeigten Beispiel notiert der Junge mit seinem Coach jegliche Gründe, warum er welchen Punkt auf seiner Liste umsetzen will. Bspw. möchte er Gewicht verlieren, um sich wieder wohler in seiner Haut zu fühlen und seine alte Lieblingsjeans wieder anziehen zu können. Die Schlafstörungen möchte er in den Griff bekommen, damit er am Morgen nicht immer so müde ist und weniger Ärger mit seiner Mutter hat, der sich wegen des Verschlafens ergibt. Zudem meint der Junge, dass er nach dem Zocken oft trockene Augen hat und dass er daher denkt, dass das auch ein Grund ist warum es Sinn macht das Spielen auf der Konsole zu reduzieren.

Anschließend geht es darum passende Behandlungsmethoden und Angebote zu finden, damit die Ziele auch erreicht werden können. Diese Phase beschreibt die Umsetzungsbegleitung. Das bedeutet, dass in einem ersten Schritt die gefundenen Möglichkeiten begutachtet und besprochen werden und die, die vom Klienten und dem Coach als sinnvoll und gut erachtet werden, werden im Umsetzungsplan miteinbezogen. [37] Im Leben des 15-jährigen Buben aus dem selbstkonstruierten Beispiel spielen unterschiedliche Systempartner eine wichtige Rolle. Zum Teil bestehen dabei bereits Beziehungen, zum Teil gibt es Ideen neue Professionelle dazu zuziehen. Der Junge schlägt vor sich mit dem **Psychiater** zusammen zu setzen und darüber zu sprechen, ob er **einen Psychologen / eine Psychologin** kennt, der mit ihm an seinem seelischen Wohlbefinden arbeiten kann betreffend die depressiven Verstimmungen und das Selbstwertgefühl. Dabei vertraut der Junge auf die Kompetenz des Psychiaters seine Situation einzuschätzen und ihm einen passenden Psychologen / eine passende Psychologin zu empfehlen. Der Psychiater könnte auch die Situation so abschätzen, dass es angebrachter wäre, sein Wohlbefinden mit Medikamenten zu unterstützen oder gar einen Aufenthalt in einer Klinik zu verbringen. Dabei vertrauen die beiden der Kompetenz des Psychiaters. Während des Gesprächs fällt dem Jungen ein, dass sein **Schulsozialarbeiter** immer eine Sporttasche bei sich im Büro stehen hat, weil er regelmäßig in einem Fitnessstudio trainiert. Daher wird der Austausch mit dem Schulsozialarbeiter bezüglich eines Fitnessstudios auf dem Umsetzungsplan notiert. Damit möchte der Junge erreichen, dass er mit Hilfe **eines Fitnesstrainers / einer Fitnesstrainerin** an Motivation gewinnt und an Gewicht verliert. Zudem könnte es sein, dass der Fitnesstrainer / die Fitnesstrainerin dem Bub Tipps zur gesunden Ernährung geben könnte, wenn dieser / diese über dieses Wissen

---

[36] Vgl. Weatherly/zu Eulenberg (2011), S. 79ff.
[37] Vgl. Weatherly/zu Eulenberg (2011), S. 93

verfügt. Ansonsten würde er mit seiner Lehrerin sprechen, welche Biologie unterrichtet, ob sie sich auch mit Ernährung auskennt. Der Coach meint dazu, dass die Lehrerin das bestimmt auch super erklären könne, immerhin sei sie ja eine **Pädagogin** und außerdem würde das nichts kosten. Mit der Bewährungshelferin möchte der Junge einen Termin ausmachen, um über die Situation seines Bruders zu sprechen, da er meint, dass es ihn immer gestört hat, dass seine Mutter ihm keine Informationen darüber gegeben hat und er so verunsichert ist. Lieber sei ihm, wenn er sich darüber austauschen könne, dabei ist er sich sicher, dass die **Bewährungshelferin** achtsam mit ihm umgehen wird und ihm die Sachlage, seinem Alter entsprechend, erklären kann. Außerdem steht auch der **Physiotherapeut** auf der Liste. Dieser kann sich die Rückenschmerzen genauer anschauen und anschließend entscheiden, ob es da einen **Facharzt für Orthopädie** braucht oder aber auch dem Jugendlichen Übungen zeigen, damit die Rückenschmerzen wieder zurückgehen. Schließlich soll mit der **Krankenkasse** in Kontakt getreten werden, um abzuklären, ob die entstehenden Kosten übernommen werden bzw. wie hoch die Summe ist, die übernommen wird.

Da der Jugendliche noch minderjährig ist, vereinbaren der Coach und sein Klient einen weiteren Gesprächstermin, bei dem die Mutter anwesend sein soll. An diesem Termin möchte der Junge der Mutter den Umsetzungsplan vorstellen und sie darum bitten ihn dabei finanziell sowie mit mütterlichem Zuspruch zu unterstützen. Bei diesem Termin soll die **Sozialarbeiterin**, die vom Jugendamt geschickt wurde, um die Mutter zu unterstützen, ebenfalls teilnehmen, da auch sie als Unterstützerin bei der Umsetzung mitwirken könnte.

Institutionelle Perspektive der Prävention

Das transaktionale Stressmodell nach Lazarus (1974)

In diesem Teil soll das transaktionale Stresskonzept von Lazarus näher erläutert werden, daher wird zuerst der Begriff „Stress" genauer definiert, beschrieben welche Stressoren es gibt und im Anschluss das Modell dargestellt.

Unter dem Begriff „Stress" (lat. „stringere" = „zusammenziehen") [38] finden sich in der Literatur unterschiedliche Definitionen, je nachdem welcher Lebensbereich beschrieben wird und welcher Aspekt erforscht wird. Der Mediziner Hans Selye definierte im Jahr 1974 Stress als „(…) unspezifische Reaktion des Körpers auf jede an ihn gestellte Anforderung." [39] Was eine eher allgemein gehaltene Begriffsdefinition darstellt. Eine spezifischere Beschreibung und weiterforschend nach Selye lieferten Lazarus und Folkman im Jahre 1984: „Stress is a particular relationship between the person and the environment that is appraised by the person as taxing or exceeding his or her resources and endangering his or her well-being." [40] Die Stressforschung von Lazarus und Folkman ist bekannt für die sogenannte "kognitive Wende", indem Stress als ein Prozessvorgang beschrieben, der Ablauf dargestellt und sich mit der Bewältigung von Stress auseinandergesetzt wird. [41] Prägnant kann also zusammengefasst gesagt werden, dass Stress den Vorgang der Beziehung zwischen einer Person und seiner Umwelt beschreibt.

Beim Thema „Entstehung von Stress" spielen die sogenannten „Stressoren" eine bedeutsame Rolle. Als Stressoren werden in der Psychologie Faktoren bezeichnet, die eine Person in erhöhte Alarmbereitschaft versetzen und dadurch Stress, als eine Empfindung, auslösen können. [42]

Mögliche Stressoren können dabei sein:

- Alltagsbelastungen (Hetze, Termindruck)
- Physikalisch-sensorische Reize (Lärm, Monotonie)
- Körperliche Reize (Schmerz, Hunger)

---

[38] Vgl. Greiner et al. (2012), S.18
[39] Vgl. Selye (1974), S. 58
[40] Vgl. Lazarus/Folkman (1984)
[41] Vgl. Reif et al. (2018), S. 44
[42] Vgl. https://flexikon.doccheck.com/de/Stressor Zugriff am 31.08.2019

- Leistungsstressoren (Über- Unterforderung)
- Sozioökonomische Stressoren (niedriger Einkommen, Armut)
- Psychosoziale Stressoren (niedriger Selbstachtung, Unsicherheit, sexuelle Belästigung, Krisen)
- Belastende Ereignisse (Verlust von Bezugspersonen, Scheidung)
- Chronische Spannungen/Belastungen (Rollenkonflikte, dauerhafte Überlastung, langandauernde Krankheit)
- Biografische Übergänge im Lebenslauf mit Krisenpotenzial (Pubertät, Klimakterium) [43]

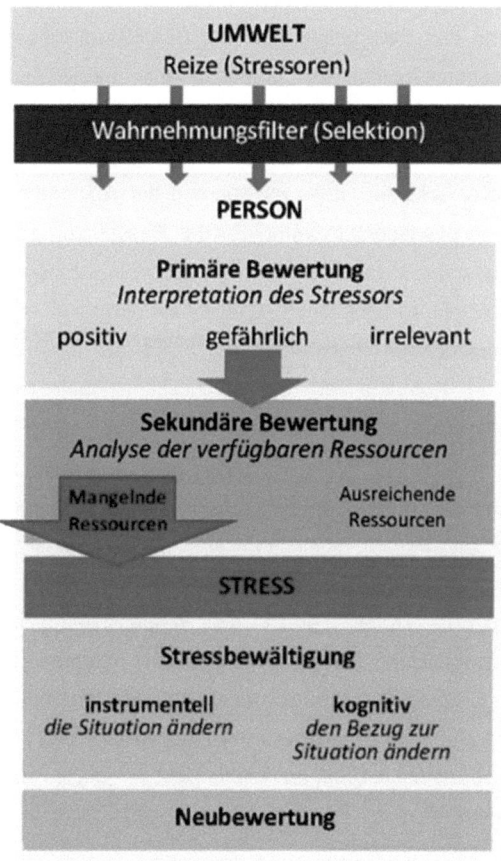

Abbildung 1: Transaktionales Stressmodell
nach Lazarus und Folkman

---

[43] Vgl. Steinmann (2005), S. 43

Wie auf Abbildung 1 [44] ersichtlich, beginnt das transaktionale Stressmodell von Lazarus und Folkman auch bei dem Faktor Umwelt und den Reizen bzw. Stressoren, die diese abwirft.

Es folgt die primäre Bewertung und damit die Interpretation des Stressors. Dieser wird entweder als positiv, gefährlich oder als irrelevant bewertet. Diese Bewertung erfolgt im Hinblick auf das eigene Wohlergehen und ausgehend von dieser Bewertung folgt ein erster Spannungszustand oder eben nicht. Im Rahmen der sekundären Bewertung wird der Stressor auf eine Ebene gesetzt mit den zur Verfügung stehenden Ressourcen und damit wird abgeglichen, ob diese Ressourcen ausreichen, um das Ereignis zu bewältigen oder nicht. Es wird entschieden, ob die Ressourcen ausreichen oder ob diese mangelhaft sind und damit ein Erfolg bzw. ein Durchleben dieses Ereignisses ohne Schaden am eigenen Wohlbefinden zu erleiden nicht möglich ist. Wenn Zweiteres der Fall ist, entsteht aus dem vorangegangenen ersten Spannungszustand in weiterer Folge Stress.

Welche Ressourcen können davor schützen, dass es während der sekundären Bewertung nicht zu diesem negativen Stressgefühl kommt? Bei den Ressourcen wird unterschieden zwischen situationsbezogenen (auch äußeren) Ressourcen wie bspw. Handlungsspielräume, soziale/materielle Unterstützung, emotionaler Beistand von anderen Personen und personenbezogenen Ressourcen wie bspw. der eigenen Gesundheitszustand, Qualifikationen, Kompetenzen, Persönlichkeitsmerkmale wie Optimismus, Selbstwirksamkeitserwartung, Selbstvertrauen oder die eigenen Resilienz. [45]

Die sekundäre Bewertung, bei dem die verfügbaren Ressourcen analysiert werden und mit den Anforderungen abgeglichen werden, ist, nach Lazarus, maßgeblich dafür verantwortlich, ob ein Stressor als negativ und bedrohlich oder aber als positiv und herausfordernd interpretiert wird. [46] Hierbei spricht die Wissenschaft von „Distress" und „Eustress" als Unterscheidung für negativ und positiv interpretierte Stressoren. [47] Der sogenannte Distress beschreibt dabei ein zermürbender, krankmachender Stress, der Unlustgefühle erzeugen und krank machen kann und der Eustress ein herausfordernder, zu Höchstleistungen anspornender Stress, der Lustgefühle erzeugen und heilen kann. [48]

---

[44] Vgl. http://www.burnoutvermeiden.at/blog/transaktionales-stressmodell/ Zugriff am 31.08.2019
[45] Vgl. Udris/Frese (1999), S. 433ff.
[46] Vgl. Faltermaier (2005), S. 77ff.
[47] https://flexikon.doccheck.com/de/Stressor Zugriff am 31.08.2019
[48] Vgl. Selye (1982), S. 7fff.

Wird negativer Stress von einer Person wahrgenommen startet der Vorgang der sogenannten „Bewältigung" (= Coping). Die Bewältigung spielt in diesem Modell eine sehr wichtige Rolle und wird von Lazarus wie folgt definiert: „constantly changing cognitive and behavioral efforts to manage specific external and/or internal demands that are appraised as taxing or exceeding the resources of the person". [49] Unter „coping" wird also der Prozess der Bewältigung von externen und internen Anforderungen (den Stressoren), die von der Person als ressourcenübersteigend und gefährlich empfunden werden (negativ bewertet und als Distress interpretiert), verstanden. [50]

Bewältigungsstrategien können innerpsychisch (=emotionsbezogenes Coping) stattfinden oder das nachvollziehbare und sichtbare Verhalten (=problembezogenes Coping) betreffen. Das Ziel der Strategien ist es, mögliche Schäden im Vorhinein zu verhindern, das innere Wohlbefinden nach einem erlittenen Schaden zurück zu gewinnen und/oder emotionale Belastungen abzubauen. Diese Bewältigungsversuche finden erst durch bewusste Anstrengungen und Entscheidungen statt. [51]

Wie gerade erwähnt wurde, können die Coping-Strategien unterschieden werden zwischen problembezogenem Coping (auch instrumentelle Stressbewältigung genannt) und emotionsbezogenem Coping (auch kognitive Stressbewältigung genannt). [52]

Beim problembezogenen Coping versucht die Person die Situation zu verändern, aus der die ressourcenüberschreitenden Anforderungen entstehen. Die Person bemerkt die Ursachen einer Stresssituation und strebt Veränderungen auf der Person-Umwelt-Beziehung an, um die Bedrohung zu stoppen. Ein konkretes Beispiel könnte das Aufsuchen eines klärenden Gespräches mit dem Chef, bei zu belastenden Anforderungen, bspw. Termindruck für die Abgabe eines Projektauftrages, im Job sein. So könnte der Termindruck als Stressor erkannt und früh genug beseitigt werden, in dem mit dem Chef nach möglichen Lösungen (bspw. Unterstützung durch andere Mitarbeiter oder Verschiebung des Abgabedatums auf ein späteres Datum) gesucht wird. Somit könnten auch weitere mögliche Stressoren wie bspw. das Unbehagen, das entstehen würde, wenn die Person schlechte Rückmeldungen und Kritik vom Chef

---

[49] Vgl. Lazarus/Folkman (1984), S. 19
[50] Ebda. S. 283
[51] Faltermaier (2005), S. 77ff.
[52] Vgl. Laux (2008), S. 224ff.

erhalten würde, bei Nichteinhaltung des Abgabedatums, im Vorhinein ausgeschlossen werden. [53]

Emotionsbezogenes Coping betrifft die Emotionsebene einer Person. Dabei versucht die Person die eigenen Gefühle zu regulieren, die durch einen Stressor entstanden sind oder entstehen könnten. Möglichkeiten wären hierbei die Abwehrmechanismen Verdrängung, Vermeidung oder Distanzierung zur Bedrohung.[54] Ein Beispiel für emotionsbezogenes Coping könnte das Verdrängen von Schmerzen nach einem Unfall sein. Dieser Abwehrmechanismus kann der Person dabei helfen, die Ruhe zu bewahren um Tätigkeiten wie das Absetzen eines Notrufs auszuführen.[55] In Situationen wie dieser wäre diese Art des Copings für den ersten Moment sinnvoll, da sie kurzfristig wirkt und das Wohlbefinden schützt, in anderen Situationen könnten dadurch jedoch psychosoziale Folgen und erhebliche Schäden entstehen, da keine tatsächliche Lösung des Stressors angestrebt wird. [56] Ein solches Beispiel dafür könnte der Konsum von Alkohol oder illegalen Drogen darstellen, als Versuch um bspw. das eigene Gefühl von Schmerz oder Trauer zu dämpfen. [57]

Das Bewältigungsverhalten einer Person ist bereichsspezifisch und vom jeweiligen Kontext, von der Art des Stressors und den Möglichkeiten zur Kontrolle abhängig. Demnach kann dieselbe Person unterschiedliche Coping-Strategien in unterschiedlichen Bereichen (z.B. „Arbeit", „Gesundheit", „Paarbeziehung") anwenden.[58] Dabei wird emotionsbezogenes Coping eher dann angewandt, wenn die Person das Gefühl hat eine Situation nicht kontrollieren zu können und problemorientiertes Coping dann, wenn die Person die Situation als beeinflussbar durch sich selbst einschätzt. [59] Laut Forschern kann der beste Effekt im Bereich des Copings dann erzielt werden, wenn Bewältigungsressourcen auf mehreren Ebenen, der körperlich-physischen, kognitiven, emotionalen und sozialen, gewählt werden und ineinandergreifen. [60] So können erfolgreiche Bewältigungsstrategien zum Erhalt der Gesundheit beitragen oder diese verbessern. [61]

---

[53] Vgl. Bundschuh (2003), S. 106
[54] Vgl. Leyendecker (2006), S. 25
[55] Vgl. Menche (2007), S. 227
[56] Vgl. Beck/Tröster (2017), S. 215-235
[57] Vgl. Bundschuh (2003), S. 106
[58] Vgl. Lazarus/Folkman (1984)
[59] Vgl. Perrig-Chiello et al. (2001), S. 98
[60] Vgl. Hurrelmann (2003), S. 53
[61] Vgl. Franzkowiak/Franke (2018)

Im letzten Schritt des transaktionalen Stressmodells beschreibt Lazarus die sogenannte „Neubewertung". Hierbei bewertet die Person die Situation neu und kann dadurch die zuvor getroffenen Einschätzungen abändern. Eine bisher als negativ wahrgenommene Situation könnte bspw. nach der Neubewertung als Herausforderung und positive Bereicherung eingeschätzt werden, bei dem die Person etwas dazugelernt hat oder in einer anderen Form profitiert. Nach dieser Neubewertung könnte dieselbe Situation bzw. derselbe Stressor in Zukunft für weniger bzw. keinen negativen Stress mehr führen. [62]

Welche offenen Fragen könnten sich in Bezug auf das transaktionale Stressmodell nach Lazarus ergeben?

Die Bewältigungsstrategien betreffend könnten sich Fragestellungen ergeben, die die Persönlichkeitsmerkmale einer Person im Zusammenhang zu den verwendeten Strategien erforschen wollen, diese aber nicht als Ressourcen sehen, die wie in Abbildung 1 dargestellt einen Vorgang beschreiben der vor dem Entstehen von Stress abläuft, sondern mehr als Ressource für gesundheitsförderndes oder therapeutisches Coping. Die Untersuchung würde da den Zusammenhang zwischen Bewältigungsstrategien und Persönlichkeitsmerkmalen als Ressource, die der Gesundheit zu Gute kommt, beobachten. Eine weitere mögliche Frage dazu könnte sein: Gibt es einen Zusammenhang zwischen der Persönlichkeit einer Person und den bevorzugt-verwendeten Bewältigungsstrategien in bestimmten Situationen (bspw. einer Streitsituation in der Paarbeziehung). Die Frage wäre dabei: können Persönlichkeitsmerkmale die Bewältigungsstrategien einer Person in einer bestimmten Situation vorhersagen. Zudem bleibt offen, ob die Grenzen zwischen problemorientiertem und emotionsbezogenem Coping immer klar gezogen werden können oder ob es Situationen gibt, in denen ein ineinandergreifender Übergang der beiden Konstrukte besteht.

---

[62] Vgl. Reif et al. (2018), S. 44ff.

Literaturverzeichnis

Beck, J. & Tröster, H. 2017. Stressvulnerabilität, Stresssymptomatik und Stressbewältigung bei Schülerinnen und Schülern mit und ohne sonderpädagogischem Förderbedarf. *Empirische Sonderpädagogik, Nr. 3.* 2017.

Becker, B. 2014. *Grundlagen der Differentiellen- und Persönlichkeitspsychologie.* s.l. : Studienbrief SRH Fernhochschule - The Mobile University. Titel-Nr. 1105-01, 2014.

Bundschuh, K. 2003. *Emotionalität, Lernen und Verhalten - ein heilpädagogisches Lehrbuch.* Bad Heilbrunn : Klinkhardt, 2003.

Ceschi, C., Fischereder G. & Schmid, G. Zugriff am 31.08.2019. Burnout vermeiden - Stressbewältigung und Burnoutprävention. [Online] Zugriff am 31.08.2019. http://www.burnoutvermeiden.at/blog/transaktionales-stressmodell.

Dorsch, F. 1991. *Psychologisches Wörterbuch, 11. Auflage.* Bern : s.n., 1991.

Faltermaier, T. 2005. *Gesundheitspsychologie. Grundriss der Psychologie, Band 21.* Stuttgart : Kohlhammer, 2005.

Franzkowiak, P. & Franke, A. 2018. *Stress und Stressbewältigung. BZgA. Leitbegriffe der Gesundheitsförderung.* 2018.

Gerrig, R.J. 2016. *Psychologie, 20. Auflage.* Halbergmoos : s.n., 2016.

Greiner, A., Langer, S. & Schütz, A. 2012. *Stressbewältigung für Erwachsene mit ADHS.* s.l. : Springer, 2012.

Hurrelmann, K. 2003. *Gesundheitssoziologie.* Weinheim : s.n., 2003.

Hurrelmann, K., Klotz, T. & Haisch, J. 2010. *Lehrbuch Prävention und Gesundheitsförderung, 3. Auflage.* Bern : s.n., 2010.

Laux, L. 2008. *Persönlichkeitspsychologie. Grundriss der Psychologie Band 11,2.* s.l. : Kohlhammer, 2008.

Lazarus, R. S. & Folkman, S. 1984. *Stress, appraisal and coping.* New York : s.n., 1984.

Leyendecker, C. 2006. *Geschädigter Körper =/behindertes Selbst oder: "in erster Linie bin ich Mensch".* Bad Heilbrunn : Klinkhardt, 2006.

Maltby, J., Day, L. & Macaskill, A. 2011. *Differentielle Psychologie, Persönlichkeit und Intelligenz, 2. Auflage.* s.l. : Pearson Studium, 2011.

Menche, N. 2007. *Biologie, Anatomie, Physiologie: kompaktes Lehrbuch für Pflegeberufe.* s.l. : Urban &Fischer, 2007.

Meyer-Lutterloh, K. 2011b. *Patientencoaching - Definition und Aufgaben.* In: Weatherly, J./Meyer-Lutterloh, K./Henke, A. (Hrsg.): Patientencoaching. Bonn : s.n., 2011b.

Perrig-Chiello, P., Höpflinger, F. unter Mitarbeit von Kaier, A., Sturzenegger, M. & Perren, S. 2001. *Zwischen den Generationen. Frauen und Männer im mittleren Lebensalter.* Zürich : s.n., 2001.

Pervin, L.A. 1996. *The science of personality.* New York : Wiley, 1996.

Prinz, D. Zugriff am 31.08.2019. DocCheck Flexikon. [Online] Zugriff am 31.08.2019. https://flexikon.doccheck.com/de/Stressor.

Pundt, J. & Scherenberg, V. 2016. *Erfolgsfaktor Gesundheit in Unternehmen.* s.l. : BoD, 2016.

Reif, J., Spieß, E. & Stadler, P. 2018. *Effektiver Umgang mit Stress. Gesundheitsmanagement im Beruf (die Wirtschaftspsychologie).* Berlin : Springer, 2018.

Renneberg, B. & Hammelstein, P. 2006. *Gesundheitspsychologie. Mlt 21 Tabellen.* Heidelberg : Springer, 2006.

Schmid, E. 2008. *Patientencoaching, Gesundheitscoaching, Case Management.* Berlin : s.n., 2008.

Schwarz, W. 2013. *Antonovskys Gesundheitsmodell. In U. Beise, S. Heimes & W. Schwarz (Hrsg.), Gesundheits- und Krankenlehre. Lehrbuch für Gesundheits- Kranken- und Altenpflege (3. Auflage).* Berlin : Springer, 2013.

Segerstrom, S.C. 2000. Personality and the immune system: models, methods, and mechanisms. *Anals of Behavioral Medicine, 22.* 2000.

Segerstrom, S.C., Castaneda, J.O. & Spencer, T.E. 2004. *Optimism effects on cellular immunity: Testing the affective and persistence models.* 2004.

Selye, H. 1982. *Handbook of Stress - History and present status of the stress concept.* New York : s.n., 1982.

—. 1974. *Stress without Distress.* Philadelphia, PA : Lippincott, 1974.

Smith, T. W. & Williams, P.G. 1992. Personality and Helath: Advantages and limitations of the five-factor model. 1992.

Steinmann, R. 2005. *Psychische Gesundheit - Stress, wissenschaftliche Grundlagen für eine nationale Strategie zur Stressprävention und Förderung psychischer Gesundheit in der Schweiz.* s.l. : Gesundheitsförderung Schweiz, 2005.

Udris I. & Frese, M. 1999. *Belastung und Beanspruchung. Ein Lehrbuch.* . Weinheim : Hrsg. Carl Graf Hoyos & Dieter Frey, 1999.

Vollmann, M & Weber, H. 2005. *Psychologie: eine Einführung in ihre Grundlagen und Anwendungsfelder.* Stuttgart : Kohlhammer, 2005.

Walter, S. 2006. *Persönlichkeitsmodelle und Persönlichkeitstests.* s.l. : Gabal, 2006.

Weatherly, J./zu Eulenberg, M. 2011. *Konzepte des Patientencoachings. In: Weatherly, J./Meyer-Lutterloh, K./Henke, A. (Hrsg.): Patientencoaching.* Bonn : s.n., 2011.

Weber, H. 2005. *Handbuch der Persönlichkeitspsychologie und Differentiellen Psychologie.* Göttingen : Hogrefe, 2005.

Wiebe, D.J. & Smith, T.W. 1997. *Personality and health. Progress and problems in psychosomatics.* San Diego, CA : Academic Press, 1997.

BEI GRIN MACHT SICH IHR WISSEN BEZAHLT

- Wir veröffentlichen Ihre Hausarbeit,
  Bachelor- und Masterarbeit

- Ihr eigenes eBook und Buch -
  weltweit in allen wichtigen Shops

- Verdienen Sie an jedem Verkauf

Jetzt bei www.GRIN.com hochladen
und kostenlos publizieren